설야

국립중앙도서관 출판시도서목록(CIP)

설야 / 지은이: 김광균. -- 양평군 : 시인생각, 2013
 p. ; cm. -- (한국대표명시선 100)

"김광균 연보" 수록
만해사상실천선양회의 지원으로 간행되었음
ISBN 978-89-98047-93-1 03810 : ₩6000

한국 현대시[韓國 現代詩]

811.62-KDC5
895.714-DDC21 CIP2013013031

한국대표
명시선
100

김 광 균

설야

시인생각

■ 시인의 말

와사등瓦斯燈에 처음 불이 켜진 것은 20년 전 일이다.
떠나온 지 오랜 내 시의 산하 저쪽 일이라
지금도 등불이 살아있는지 이미 꺼진 지 오래인지
알 길이 없다.

저 자 著者

<시집 『와사등』(1960. 9. 30. 판) 권두에서>

■ 차 례 ──────────────── 설야

시인의 말

1

설야雪夜　13
해바라기의 감상感傷　14
오후의 구도構圖　15
지등紙燈　16
향수의 의장意匠　18
석고의 기억　19
외인촌外人村　20
밤비　22
벽화　23
와사등瓦斯燈　24

한국대표명시선100 김광균

2

광장   27
풍경   28
공지空地   30
등   31
뻐꾹새   32
기적汽笛   34
구의리九宜里   36
정원   38
영미교永美橋   39
장곡천정에 오는 눈   40

3

눈 오는 밤의 시詩   43
시를 쓴다는 것이 이미 부질없고나   44
수철리水鐵里   46
조화弔花   47
대낮   48
은수저   49
비碑   50
반가反歌   51
향수   52
추일서정秋日抒情   54

4

단장短章   57
야차夜車   58
뎃상   59
황량   60
승용마차   61
비풍가悲風歌   62
대화   64
추석날 바닷가에서   66
황혼가黃昏歌   68
노신魯迅   70

5

영도다리 —소월素月에게   73

고향   74

회귀回歸에의 헌시獻詩   75

입추가立秋歌   76

풍경화   78

폐원廢園   79

임진화壬辰花   80

가로수   81

역등驛燈의 애상哀傷   82

작은 별과 언덕 —어린 동생의 작은 관 앞에   84

김광균 연보   85

1

설야雪夜

어느 먼―곳의 그리운 소식이기에
이 한밤 소리 없이 흩날리느뇨

처마 끝에 호롱불 여위어가며
서글픈 옛 자췬 양 흰 눈이 나려

하이얀 입김 절로 가슴이 메어
마음 허공에 등불을 켜고
내 홀로 밤 깊어 뜰에 나리면
먼―곳에 여인의 옷 벗는 소리

희미한 눈발
이는 어느 잃어진 추억의 조각이기에
싸늘한 추회追悔 이리 기쁘게 설레이느뇨

한 줄기 빛도 향기도 없이
호을로 찬란한 의상을 하고
흰 눈은 나려 나려서 쌓여
내 슬픔 그 우에 고이 서리다

해바라기의 감상感傷

해바라기의 하―얀 꽃잎 속엔
퇴색한 작은 마을이 있고
마을 길가의 낡은 집에서 늙은 어머니는 물레를 돌리고

보랏빛 들길 우에 황혼이 굴러나리면
시냇가에 늘어선 갈대밭은
머리를 흐트리고 느껴울었다

아버지의 무덤 우에 등불을 키러
나는
밤마다 눈멀은 누나의 손목을 이끌고
달빛이 파―란 산길을 넘고

오후의 구도構圖

바다 가까운 노대露臺 우에
아네모네의 고요한 꽃방울이 바람에 졸고
흰 거품을 물고 밀려드는 파도의 발자취가
눈보라에 얼어붙은 계절의 창 밖에
나즉히 조각난 노래를 웅얼거린다

천정에 걸린 시계는 새로 두 시
하—얀 기적소리를 남기고
고독한 나의 오후의 응시 속에 잠기어 가는
북양항로北洋航路의 깃발이
지금 눈부신 호선弧線을 긋고 먼 해안 위에 아물거린다

긴— 뱃길에 한 배 가득히 장미를 싣고
황혼에 돌아온 작은 기선이 부두에 닻을 나리고
창백한 감상感傷에 녹슬은 돛대 우에
떠도는 갈매기의 날개가 그리는
한 줄기 보표譜表는 적막하려니
바람이 울 적마다
어두운 카—텐을 새어오는 보이얀 햇빛에 가슴이 메어
여윈 두 손을 들어 창을 내리면
하이—얀 추억의 벽 우엔 별빛이 하나
눈을 감으면 내 가슴엔 처량한 파도소리뿐

지등紙燈

창

어제도 오늘도 고달픈 기억이
슬픈 행렬을 짓고 창밖을 지나가고
이마에 서리는 다정한 입김에 가슴이 메어
아네모네의 고요한 꽃방울에 눈물지운다
오후의 노대에 턱을 고이면
한 장의 푸른 하늘은 언덕 너머 기울어지고

북청北靑 가까운 풍경

기차는 당나귀같이 슬픈 고동을 울리고
낙엽에 덮인 정거장 지붕 우엔
까마귀 한 마리가 서글픈 얼굴을 하고
코발트빛 하늘을 쪼고 있었다

파리한 모습과 낡은 바스켓을 가진 여인 한 분이
차창에 기대어 성경을 읽고
기적이 깨어진 풍금같이 처량한 복음을 내고
낯설은 풍경을 달릴 적마다
나는 서글픈 하품을 씹어가면서
고요히 두 눈을 감고 있었다

호반의 인상

언덕 우엔
병든 소를 이끄는 소년이 있고
갈댓잎이 고요한 수면 우에는
저녁안개가 고운 화문花紋을 그리고 있다

조그만 등불이 걸려 있는 물결 우으로
계절의 망령같이
검푸른 돛을 단 작은 요트가
노을을 향하여 흘러나리고

나는 잡초에 덮인 언덕길에 기대어 서서
풀잎 사이를 새어오는
해맑은 별빛을 줍고 있었다

향수의 의장意匠

황혼에 서서

바람에 불리우는 서너 줄기의 백양나무가
고요히 응고한 풍경 속으로
황혼이 고독한 반음半音을 남기고
어두운 지면地面 우에 구을러 떨어진다

저녁 안개가 나즉히 물결치는 하반河畔을 넘어
슬픈 기억의 장막 저편에
고향의 계절은 하이-얀 흰 눈을 뒤집어쓰고

동화

나려 퍼붓는 눈발 속에서
나는 하나의 슬픈 그림을 찾고 있었다

조각난 달빛과 낡은 교회당이 걸려 있는
작은 산 너머
엷은 수포水泡 같은 저녁별이 스며 오르고
흘러가는 달빛 속에선 슬픈 뱃노래가 들리는
낙엽에 싸인 옛 마을 옛 시절이
가엾이 눈보라에 얼어붙은 오후

석고의 기억

창백히 여윈 석고의 거리엔 적은 창문이 있고
어두운 가열街列이 그친 곳에
고웁게 화장한 종루鐘樓가 하나 달빛 속에 기울어지고

자금빛 향수 우에 그렇게 화려한 날개를 펴던
지금 나의 망막 우에 시들은 청춘의 화환이여
나는 낡은 애무의 두 손을 벌려 너를 껴안고
싸늘—히 식어진 네 가슴 우에
한 포기 장미와 빛나는 오월의 구름을 던져 주련다

외인촌外人村

하이얀 모색暮色 속에 피어 있는
산협촌山峽村의 고독한 그림 속으로
파―란 역등驛燈을 달은 마차가 한 대 잠기어 가고
바다를 향한 산마루 길에
우두커니 서 있는 전신주 우엔
지나가던 구름이 하나 새빨간 노을에 젖어 있었다

바람에 불리우는 작은 집들이 창을 나리고
갈대밭에 묻히인 돌다리 아래선
작은 시내가 물방울을 굴리고

안개 자욱―한 화원지花園地의 벤치 우엔
한낮에 소녀들이 남기고 간
가벼운 웃음과 시들은 꽃다발이 흩어져 있다

외인묘지의 어두운 수풀 뒤엔
밤새도록 가느란 별빛이 나리고

공백空白한 하늘에 걸려 있는 촌락의 시계가
여윈 손길을 저어 열 시를 가리키면

날카로운 고탑古塔같이 언덕 우에 솟아 있는
퇴색한 성교당聖教堂의 지붕 우에선

분수처럼 흩어지는 푸른 종소리

밤비

어두운 장막 너머 빗소리가 슬픈 밤은
초록빛 우산을 받고 거리로 나갈까요

나즉히 물결치는 밤비 속으로
모자를 눌러쓰고 포도鋪道를 가면
바람에 지는 진달래같이
자취도 없는 고운 꿈을 뿌리고
눈부신 은실이 흩어집니다

조각난 달빛같이 흐득여 울며
스산─한 심사 우에 스치는 비는
사라진 정열의 그윽─한 입김이기에

낯설은 흰 장갑에 푸른 장미를 고이 바치며
초라한 가등街燈 아래 홀로 거닐면
이마에 서리는 해맑은 빗발 속엔
담홍빛 꽃다발이 송이송이 흩어지고
빗소리는 다시 수없는 추억의 날개가 되어
내 가슴 우에 차단─한 화분花粉을 뿌리고 갑니다

벽화

1. 정원

옛 기억이 하-얀 상복을 하고
달밤에 돈대를 걸어나린다

어두운 나의 천정엔
어렸을 때 분수가에 잊어버린 무수한 별들이
고요히 조을기 시작하고

2. 방랑의 일기에서

헐어진 풍차 우엔
흘러가는 낙엽이 날카로운 여음을 굴리고
지롤의 조락한 역로驛路에 서서
나는
유리빛 황혼을 향하여 모자를 벗고

3. 남촌南村

저녁바람이 고요한 방울을 흔들며 지나간 뒤
돌담 우에 박꽃 속엔
죽은 누나의 하-얀 얼굴이 피어 있고
저녁마다 어두운 남포를 처마 끝에 내어 걸고
나는 굵은 삼베옷을 입고 누워 있었다

와사등瓦斯燈

차단―한 등불이 하나 비인 하늘에 걸려 있다
내 호올로 어딜 가라는 슬픈 신호냐

긴― 여름해 황망히 나래를 접고
늘어선 고층 창백한 묘석같이 황혼에 젖어
찬란한 야경 무성한 잡초인 양 헝클어진 채
사념思念 벙어리 되어 입을 다물다

피부의 바깥에 스미는 어둠
낯설은 거리의 아우성 소리
까닭도 없이 눈물겹고나

공허한 군중의 행렬에 섞이어
내 어디서 그리 무거운 비애를 지니고 왔기에
길―게 늘인 그림자 이다지 어두워

내 어디로 어떻게 가라는 슬픈 신호기
차단―한 등불이 하나 비인 하늘에 걸리어 있다

2

광장

비인 방에 호을로
대낮에 체경體鏡을 대하여 앉다

슬픈 도시엔 일몰이 오고
시계점 지붕 우에 청동비둘기
바람이 부는 날은 구구 울었다

늘어선 고층 우에 서걱이는 갈대밭
열없는 표목標木 되어 조으는 가등街燈
소리도 없이 모색暮色에 젖어

엷은 베옷에 바람이 차다
마음 한 구석에 벌레가 운다

황혼을 쫓아 네거리에 달음질치다
모자도 없이 광장에 서다

풍경

1

흰 모래 우에 턱을 고이고
아득-한 곳을 향해
손수건을 내어 흔든다

바다는 고적한 슬픔같이 넘쳐흐르고
물결은 자짓빛 화단이 되다
바다는 대낮에 등불을 켜고
추억의 꽃물결 우에 소복히 지다

2

페가사스는 소리를 치며
흰 물결을 가르다

솟기는 지체肢體 분수같이 흩어지고
화려한 물거품
엷은 수구水球인양 정다웁고나
천막처럼 부풀은 하늘

모으로 기울어진 채
갈매기 파-란 리봉을 달고
모래밭 우엔 맨도링 같은 구름이 하나

공지空地

등불 없는 공지에 밤이 나리다
수없이 퍼붓는 거미줄같이
자욱-한 어둠에 숨이 잦으다

내 무슨 오지 않는 행복을 기다리기에
스산한 밤바람에 입술을 적시고
어느 곳 지향 없는 지각地角을 향하여
한 옛날 정열의 창랑滄浪한 자취를 그리는 거냐
끝없는 어둠 저으기 마음 서글퍼
긴- 하품을 씹는다

아- 내 하나의 신뢰할 현실도 없이
무수한 연령年齡을 낙엽같이 띄워 보내며
무성한 추회追悔에 그림자마저 갈가리 찢겨

이 밤 한 줄기 패잔병 되어
주린 이리인 양 비인 공지에 호을로 서서
어느 먼- 도시의 상현上弦에 창망히 서린
부오腐汚한 달빛에 눈물지운다

등

벌레 소리는
고운 설움을 달빛에 뿜는다
여윈 손길을 내어젓는다

방안에 돌아와 등불을 끄다
자욱-한 어둠 저쪽을
목쉰 기적이 지나간다

비인 가슴 하잔히 울리어 논 채
혼곤한 베갯머리 고이 적시며

어둔 천정에
희부연 영창 우에
차단-한 내 꿈 우에

밤새 퍼붓다

뻐꾹새

애기의 무덤은
산 너머 꽃밭
한 쌍의 뻐꾹새가
지키고 있다.

강보에 싸서
묻고 올 때는
눈물도 안 내고
돌아섰지만
난 지 두 이레에
죽어간 애기
젖이 먹고플 때면
울지나 않나.

아무도 없는
비인 산에서
애기는 혼자서
뭘 하고 노나.

인왕산 허리에

해질 때마다
창문을 열고
바라보지만
애기 무덤 가는 길은
뵈지도 않고

산에는 안개
바람 소리뿐.

기적汽笛

잠결에
기적이 들린다.
사람들이 잠든 길은 밤중에
멀리서 가차이서
기적은 서로
쓸쓸한 대화를 주고받는다.

밤중에 들리는 기적 소리는
멀—리 간 사람과
이미 죽은 사람들을
생각케 한다.
내 추억의 촉대燭臺 우에
차례차례로
불을 켜고 간 사람들
그들의 영혼이
지금 도시의 하늘을 지나가는지.

기적이 운다.
기적은 공중에서
무엇을 찾고 있나.

나는 얼결에
잃어진 생활의 키를 생각한다.
기적이 운다.
발을 구른다.
고가선高架線 우에 걸려 있는
마지막 신호등을 꺼버리고
아 새벽을 향하여
모두들 떠나나보다.

구의리九宜里

쓸쓸하고나
구의리 모래밭에
나리는 밤비
비인 들에 가득한
물소리 찾아
갈대밭 찾아
갈대밭 헤치고
내려가 볼까.

광나루 십릿벌엔
누가 우느냐
눈물에 어린 길을
등불이 간다.
저 등불 사라지면
밤이 새는지.

천리에 사모치는
물길을 좇아
바람도 가다가는
돌아오는데

고달픈 날개
여울물을 적시고
물새는 어느 곳에
잠이 들었나.

쓸쓸도 하다
구의리 모래밭을
적시는 밤비
서러운 생각
고요히 싸서
강기슭 풀언덕에
묻어 버릴까.

정원

1

색소폰 우에
푸른 하늘이 곱-게 비친다
흰 구름이 스쳐간다

가늘은 물살을 짓고
바람이 지날 때마다
코스모스의 가느단 그림자는
치워서 떤다

2

계집애와 나란히 돈대를 나선다
풍속계와 분수가 나란히 서 있다

영미교永美橋

경마장 낡은 철책 우에 까마귀 떼 지어 울고
장안을 왕래하는 무수한 인마
이곳을 스쳐가나
벗은 여기 백포白布에 싸여 말이 없으니
서른다섯의 짧은 세상 다녀가기
그리 총총하고 서러웠던가.

애처럽고나
우리 서로 기약한 일 뉘게 말하랴.
어린 상제 나란히 목메어 울며
황망한 모색暮色 우에 꽃을 뿌리나
시들은 갈댓잎 바람에 서걱거리고
어둠 속에 사라지는 남천南川 물소리.

새봄이 오면
오간수五間水엔 봄빛이 흐르고
천변川邊가의 잔디도 움 돋아오리
아 우리 언제 다시 만나
왕십리 하늘 밑을 서성거리랴.

장곡천정에 오는 눈

찻집 미모사의 지붕 우에
호텔의 풍속계 우에
기울어진 포스트 우에
눈이 나린다
물결치는 지붕지붕의 한끝에 들리던
먼— 소음의 호수 잠들은 뒤
물기 낀 기적만 이따금 들려오고
그 우에
낡은 필름 같은 눈이 나린다
이 길을 자꾸 가면 옛날로나 돌아갈 듯이
등불이 정다웁다
나리는 눈발이 속살어린다
옛날로 가자 옛날로 가자

3

눈 오는 밤의 시詩

서울의 어느 어두운 뒷거리에서
이 밤 내 조그만 그림자 우에 눈이 내린다
눈은 정다운 옛 이야기
남몰래 호젓한 소리를 내고
좁은 길에 흩어져
아스피린 분말이 되어 곱-게 빛나고
나타-샤 같은 계집애가 우산을 쓰고
그 우를 지나간다
눈은 추억의 날개 때 묻은 꽃다발
고독한 도시의 이마를 적시고
공원의 동상 우에
동무의 하숙 지붕 우에
캬스파처럼 서러운 등불 우에
밤새 쌓인다

시를 쓴다는 것이 이미 부질없고나

주안朱安 묘지 산비탈에도 밤벌레가 우느냐,
너는 죽어서 그곳에 육신이 슬고
나는 살아서 달을 치어다보고 있다

가물에 들끓는 서울 거리에
정다운 벗들이 떠드는 술자리에
애닲다
네 의자가 하나 비어 있고나,

월미도 가까운 선술집이나
미국 가면 하숙한다던 뉴요크 할렘에 가면
너를 만날까.
있더라도 "김 형 있소" 하고
손창문 마구 열고 들어서지 않을까,
네가 놀러 와 자던 계동집 처마 끝에
여름달이 자위를 넘고
밤바람이 찬 툇마루에서
나 혼자
부질없는 생각에 담배를 피고 있다,
번역한다던

리처드 라잇과 원고지 옆에 끼고
덜렁대는 걸음으로 어델 갔느냐
철쭉꽃 피면
강화섬 가자던 약속도 잊어버리고
좋아하던 존슨 부라운 테일러와
맥주를 마시며
저 세상에서도 흑인시詩를 쓰고 있느냐.
해방 후
수없는 청년이 죽어간 인천 땅 진흙밭에
너를 묻고 온 지 스무날
시를 쓴다는 것이 이미 부질없고나.

수철리 水鐵里

 산비탈엔 들국화가 환—하고 누이동생의 무덤 옆엔 밤나무 하나가 오뚝 서서 바람이 올 때마다 아—득한 공중을 향하여 여윈 가지를 내어저었다. 갈길을 못 찾는 영혼 같애 절로 눈이 감긴다. 무덤 옆엔 적은 시내가 은실을 긋고 등 뒤에 서걱이는 떡갈나무 수풀 앞에 차단—한 비석이 하나 노을에 젖어 있었다. 흰나비처럼 여윈 모습 아울러 어느 무형無形 공중에 그 체온이 꺼져버린 후 밤낮으로 찾아주는 건 비인 묘지의 물소리와 바람 소리뿐. 동생의 가슴 우엔 비가 나리고 눈이 쌓이고 적막한 황혼이면 별들은 이마 우에서 무엇을 속삭였는지 한 줌 흙을 헤치고 나즉—히 부르면 함박꽃처럼 눈뜰 것만 같애 서러운 생각이 옷소매에 스몄다.

조화弔花

여기 호을로 핀 들꽃이 있어
자욱-히 나리는 안개에
잎사귀마다 초라한 등불을 달다

아련히 번지는 노을 저쪽에
소리도 없이 퍼붓는 어둠
먼- 종소리 꽃잎에 지다
아 저무는 들가에 소복히 핀 꽃
이는 떠나간 네 넋의 슬픈 모습이기에
지나던 발길 절로 멈추어
한 줄기 눈물 가슴을 적시다

대낮

칸나의 입술을 바람이 스친다
여윈 두 어깨에 햇빛이 곱다

칸나의 꽃잎 속엔
죽은 동생 서러운 얼굴
머리를 곱게 빗고 연지를 찍고
두 눈에 눈물이 고이어 있다

아무도 없는 고요한 대낮
비인 마당 한 구석에서
우리 둘은 쓸쓸히 웃는다

은수저

산이 저문다
노을이 잠긴다
저녁 밥상에 애기가 없다
애기 앉던 방석에 한 쌍의 은수저
은수저 끝에 눈물이 고인다

한밤중에 바람이 분다
바람 속에서 애기가 웃는다
애기는 방 속을 들여다본다
들창을 열었다 다시 닫는다

먼— 들길을 애기가 간다
맨발 벗은 애기가 울면서 간다
불러도 대답이 없다
그림자마저 아른거린다

비碑

어머님은 지나간 반생의 추억 속에 사신다
어머님의 백발을 에워싸고
추억은 늘 희미한 원광을 띠고 있다

청량한 기적이 오고가는 정거장에서
유적流滴의 길가에 스미는 황량한 모색暮色 앞에서
내 서러운 도시 우에 낮과 밤이 바뀔 때마다
내 향수의 지붕 우를 바람이 지날 때마다
어머님의 다정한 모습 두 눈에 어려
온―몸이 젖는다
황홀히 눈을 감는다

어머님은 항시 고향에 계시면서도
항시 나와 함께 계신다

반가反歌

물결은 어데로 흘러가기에
아름다운 목숨 싣고 갔느냐
먼— 훗날 물결은 다시 되돌아오리
우리 어데서 만나 손목 잡을까

향수

저물어 오는 육교 우에
한 줄기 황망한 기적을 뿌리고
초록색 램프를 달고 화물차가 지나간다

어두운 밀물 우에 갈매기 떼 우짖는
바다 가까이
정거장도 주막집도 헐어진 나무다리도
온―겨울 눈 속에 파묻혀 잠드는 고향
산도 마을도 포플러나무도 고개 숙인 채
호젓한 낮과 밤을 맞이하고
그곳에
언제 꺼질지 모르는
조그만 생활의 촛불을 에워싸고
해마다 가난해가는 고향 사람들

낡은 비오롱처럼
바람이 부는 날은 서러운 고향
고향 사람들의 한 줌 희망도
진달래빛 노을과 함께
한 번 가고는 다시 못 오기

저무는 도시의 옥상에 기대어 서서
내 생각하고 눈물지움도
한 떨기 들국화처럼 차고 서글프다

추일서정秋日抒情

낙엽은 폴—란드 망명정부의 지폐
포화에 이즈러진
도룬 시의 가을 하늘을 생각게 한다
길은 한 줄기 구겨진 넥타이처럼 풀어져
일광日光의 폭포 속으로 사라지고
조그만 담배 연기를 내뿜으며
새로 두 시의 급행차가 들을 달린다
포플러나무의 근골筋骨 사이로
공장의 지붕은 흰 이빨을 드러내인 채
한 가닥 꾸부러진 철책이 바람에 나부끼고
그 우에 세로판지紙로 만든 구름이 하나
자욱—한 풀벌레 소리 발길로 차며
호올로 황량한 생각 버릴 곳 없어
허공에 띄우는 돌팔매 하나
기울어진 풍경의 장막 저쪽에
고독한 반원을 긋고 잠기어 간다

4

단장短章

한 줄기 썩은 와사관瓦斯管 우에
희멀건 달이 하나 바람에 불리우는
어느 어두운 변방의 비인 무대를
이 밤 나 혼자 걸어 나간다
조그만 그림자가 뒤를 따른다
서러운 생각이 호젓이 켜진다

달은 어째 빅톨씨氏 같은 얼굴을 하고
나를 비웃는 거냐
내게는
두 권의 시집과 척수脊髓 카리에스의 아내와
한 마리의 고양이가 있을 뿐이다.

백지를 바른 동상 앞에
검은 장미가 하나 떨어져 있다
장미 속에선 가느단 벌레 소리가 피어오르고
내 온-몸에서도 벌레가 운다

야차夜車

모두들 눈물지우며
요란히 울고 가고 다시 돌아오는
기적 소리에 귀를 기울이더라

내 폐가廢家와 같은 밤차에 고단한 육신을 싣고
몽롱한 램프 우에
감상感傷은 자욱-한 안개가 되어 나리나니
어디를 가도
뇌수를 파고드는 한 줄기 고독

절벽 가까이 기적은 또다시 목메어 울고
다만 귓가에 들리는 것은
밤의 층계를 굴러나리는
처참한 차바퀴 소리

아— 새벽은 아직 멀었나 보다

뎃상

1

향료를 뿌린 듯 곱—단한, 노을 위에
전신주 하나하나 기울어지고

먼— 고가선高架線 우에 밤이 켜진다

2

구름은
보랏빛 색지 우에
마구 칠한 한 다발 장미

목장의 깃발도 능금나무도
부을면 꺼질 듯이 외로운 들길

황량

취적벌 자갈밭엔 오늘도 바람이 부는가
창망한 하늘가에
구름이 일고 지는 덕적산 너머
벌떼처럼 초록별 날아오는 초가지붕 밑
희미한 등잔 아래 구겨진 어머니 얼굴
밤-꽃이 나려 쌓이는 역로驛路 가까이
노래를 잊어버린 어린애들의
비인 눈동자에 스미는 노을
허공에 걸려 있는 한낮 서러운 등불처럼
어두운 지평 한 끝에 깜빡거리는 옛 마을이기
목메는 여울가에 늘어선
포플러나무 사이로 바라다뵈는
한 줄기 신작로 너머
항시 찌푸린 한 장의 하늘 아래
사라질 듯이 외로운 고향의 산과 들을 향하여
스미는 오열 호올로 달램은
내 어느 날 꽃다발 한 아름 안고
찾아감을 위함이리라

승용마차

안개 속을 말이 간다.
기울어진 지붕에 가스등을 달고
허리엔 녹슬은 방울 소리
마권馬券 없는 경마장인 서울 거리
네거리마다 서서
마른기침을 한다.
종로에 밤이 들면
짓무른 두 눈에
거리의 등불이 곱긴 하다만
말아
늙은 회사원처럼 등이 굽은 말아
가을바람에
낡은 갈기 흩날리며
술 취한 손을 싣고 어델 가느냐.
고오스톱과
신호등을 부숴버리고
마부와 고삐를 내어던지고
차라리 민주주의 쪽을 향하여
오곡이 익은 들로 달려라.

비풍가 悲風歌

쓸쓸한 곳에서 바람이 불어온다.
진흙빛 산과 들을 건너
황량한 도시의 등불을 죽이고
떼 지어 오는 통곡 소리.

램프에 심지를 돋군다.
비인 방에 가득한 벌레 소리에
눈이 감긴다.

항시 돌팔매에 쫓겨 온 서른네 해
내 가는 길에
또다시 찬비 뿌리고 잎이 돋는가.

기적 소리 따라가고 싶고나
거기 쓸쓸한 사람이 모여 사는 곳
허망한 세월에 부대껴
내 속절없이 돌아가는 날
햇볕 다사롭고
오곡은 무르렀으리.

원통한 생각이 밤새 끓어오른다.
원통한 생각에 밤새 잠이 안 온다.
별은 내 이마 우에 못을 박고
어제 벗었던 상복 다시 입는가.
바람이여
화살을 싣고 나를 따르라
나도 인제 나의 원수를 찾자.

대화

머루덩쿨이 떼를 지어 산비탈을 기어 내리고
파랑새 한 마리 푸른 햇빛을 쪼읍고 있는
낙엽이 그윽—한 수풀가에서
가엾이 두 눈이 먼 계집애를 만났습니다.
눈부신 치맛자락 물결 우에 서리이고
외로운 암사슴같이 시냇가에 울고 있어요.

그것은 어려서 죽은 네 누이란다.
이마에 작을 별을 가지고
두 볼이 장미 같은 계집애였다.
뚫어진 지등紙燈 우에 밤비 뿌리고
호롱불이 바위 우에 졸던 밤에
초라한 무명옷에 눈물지우며 호을로 산길을 넘어갔었다.

청동화로에 촛불이 타고
녹슬은 촉대燭臺 우에 함박눈이 퍼붓던 겨울밤이면
흩어진 오색 꿈 고요히 지켜주고
밤바람이 서글픈 바닷가에 나가면
아득—한 물거품 속에서
나를 부르는 이가 누구입니까.

이끼 앉은 돈대 너머 흩어진 오동잎이 곱게 빛나고
수풀가에 흰 비둘기 떼 지어 울던 날
흰 구름을 헤치고 가서 안 오는
네 아버지의 그리운 목소린 게지.

어머니 이 화창한 하늘 아래 왜 우십니까.
들길 우엔 하—얀 영란鈴蘭이 졸고
파도 소리가 산 너머 고요합니다.
땅 속에 고이 묻어 두었던
은빛 마차를 내어주셔요,
흰 국화를 한 아름 가슴에 안고
누나와 아버지가 계신 곳으로 먼— 여행을 떠나렵니다.

추석날 바닷가에서

이 아이들은 지난여름 사변에 애비를 잃고
낯설은 곳 바닷가 흰 모래 우에 무심히 놀고 있다
일곱 살 네 살 두 살잽이 손에 손을 잡고
해 저문 바다 밀물 우에
등불 단 기선이 지날 때마다
저 배를 타고 아버지가 오느냐고
큰애비 팔소매를 잡아당긴다.

배는 지나가고
애기들 떠드는 소리 허공에 사라진 후
스미는 물결 벼랑에 부딪쳐 목이 메일 뿐.
아 어떠한 힘이 이 아이들에게서
집과 고향과 애비를 빼앗아버리고
조고만 입술에서 노랫소리를 아쉬워 갔나.

전쟁의 매운 채찍에 몰려 눈보라 헤치고 내려올 때엔
에미 품에 안겨 잠을 자고
남쪽 항구에 꽃이 피고 봄물이 다리 난간에 어릴 땐
때묻은 다다미 우에 나란히 누워 코를 골더니
산과 바다에 가을이 와서

바람이 옷깃을 스칠 때면
아이들 두 눈엔 애비 얼굴이 어리는 것일까.
거북산 허리에 해질 녘이면
오랜- 꿈에서 소스라쳐 깬 듯이
날마다 돌아오지 않는 애비를 손꼽아 기다린다.

애비의 간 곳 북녘 하늘엔 길길이 누운 산이
떼무덤 되어 눈을 가리고
산길엔 이미 낙엽 추석달이 그 우에 걸려 있다.
그 산 너먼 새벽마다 별이 지새고
세월은 어언 한 해가 지나가는데
아이들의 애비는 어느 곳에서
이 어린것들을 보고파 할까?
차라리 잊자 눈을 감으나
파도 소리마다 서러운 생각.
아이들의 애비는 어서 오라
와서 이 바닷가에 어린것과 더불어 놀라.

황혼가 黃昏歌

여기
낯익은 솔밭 사이사이에
들국화 가즈런-히 피어 있으나
하늘 한 구석은 그냥 비어 있고나.

백만장안에 누가 살기에
오늘도
하나의 아름다운 노래도 없이
해가 지느냐.
저물어 가는 나의 호수
호수 속 자욱-한 안개 속에서
등불이 하나 둘 깜박거린다.

우리 집 조그만 들창에도 불이 켜지고
저녁밥상에 어린것들이 지껄이리라.
내 그곳에 또 어두운 밤을 맞이하고
날이 밝으면
퇴색한 옷을 입고 거리로 가리라만
인마人馬와 먼지와 슬픔에 덮인
도시를 뚫고

나의 남은 반생의 길은 어디로 뻗쳐 있기에
낮과 밤이 들려주는 노래는
다만 한 줄기 오열뿐인가.

노신魯迅

시詩를 믿고 어떻게 살아가나
서른 먹은 사내가 하나 잠을 못 잔다.
먼— 기적 소리 처마를 스쳐가고
잠들은 아내와 어린것의 베개맡에
밤눈이 내려 쌓이나 보다.
무수한 손에 뺨을 얻어맞으며
항시 곤두박질해 온 생활의 노래
지나는 돌팔매에도 이제는 피곤하다.
먹고 산다는 것,
너는 언제까지 나를 쫓아오느냐.
등불을 켜고 일어나 앉는다.
담배를 피워 문다.
쓸쓸한 것이 오장을 씻어 내린다.
노신이여
이런 밤이면 그대가 생각난다.
온—세계가 눈물에 젖어 있는 밤.
상해上海 호마로胡馬路 어느 뒷골목에서
쓸쓸히 앉아 지키던 등불
등불이 나에게 속삭어린다.
여기 하나의 상심한 사람이 있다.
여기 하나의 굳세게 살아온 인생이 있다.

5

영도다리
— 소월素月에게

영도다리 난간에 기대어 서서
오늘도 생각한다
내 이곳에 왜 왔나.

부두엔 등불이 밝고
외국상선들 때맞춰 꽃고동 울려도
손목 잡고 밤샐 친구 하나도 없이
아침이면 소요한 군중에 등을 밀리고
황혼이면 고단한 그림자 이끌고
이 다리 지난 지도 어언 한 해
"살기가 왜 이리 고달프냐"던 소월 만나러
주막집 등불 찾으면
적동색赤銅色 선부船夫들 낯선 사투리로 떠들어대고
내려다보니 태평리太平里 나루터엔 바람 소리뿐,

무명산無明山 기슭엔 누가 사는지
나란히 조는 등불 정다웁지만
영도다리 난간 이슬에 젖도록
혼자 서서 중얼거리니
먼- 훗날 누가 날 이곳에서 만났다 할까.

고향

하늘은 내 넋의 슬픈 고향
늙은 홀어머니의 지팡이같이
한 줄기 여윈 구름이 있어
가을바람과 함께 소슬하더라.

초라한 무명옷 이슬에 적시며
이름 없는 들꽃일래 눈물지었다.
떼 지어 우는 망아지 등 너머
황혼이 엷게 퍼지고
실개천 언덕에 호롱불 필 때

맑은 조약돌 두 손에 쥐고
노을을 향하여 달리어갔다.

뒷산 감나무꽃 언제 피었는지
강낭수수밭에 별이 잠기고
한 줄기 외로운 모깃불을 올리며
옷고름 적시시던 설운 뒷모습
아득-한 시절이기 더욱 그립다.

창망한 하늘가엔 나의 옛 고향이 있어
마음이 슬픈 날은 비가 내린다.

회귀回歸에의 헌시獻詩

용인 땅 호암미술관 앞마당에
부르텔의 '헤라크레스상像'이 있고
그 옆에 이백 년 넘은 노목老木이 하나 서 있다.
수피樹皮는 풍파에 거칠고 뿌리도 패인 채
목이 잘린 나무가 머리를 숙이고
호수 위에 저물어 가는 가을 하늘을 받치고 있다.

울연鬱然히 하늘을 덮은 가지는 없어져도
나무에선 이조李朝의 바람 소리가 들리어 온다.
노수老樹에 봄이 오면 수피를 뚫고 나온 새 가지에
숲이 돋고 꽃이 핀다.
노수는 기적같이 서서 부는 바람에 화분花粉을 뿌리고
앞뒤에 새로 자란 묘목 가운데 우뚝이 선다.
어느 날 태고의 바람에 날려 온 한 알의 씨가 땅에 떨어져
유구백년悠久百年 생명의 노래를 부르나 보다.

아— 어느 사이 내 마음의 공동空洞에 노수는 서서
밝아 오는 새벽을 향하여 두 손을 편다.
나무 위에는 한낮이면 새들이 날아와 노랠 부르고
황혼이 오면 고개를 떨구고 기도를 한다.
나는 나무를 믿고 나무는 나를 믿고
우리는 매일 밤 천년의 거문고 소리에 귀를 기울인다.

입추가立秋歌

온- 지구가 가을에 덮였나 보다

기왓장 기울어진 토담 위에
하늘은 수풀 저쪽에 멀어져가고
감나무 그림자 서린 마당에
바람이 지표地表를 스쳐가면
사람들은 오랜 잠을 깨고
지나온 길을 되돌아본다

옛날 중국의 고조高祖는
만조백관을 거느리고 서교西郊에 나가
가을을 맞이하였다는데
우리 산하에 내리는 가을은
왜 사람들의 마음을 애닮게 할까

조락의 그늘 속에 거리는 기울어지고
오곡이 물결치는 들 너머 산 너머
꺼질 듯이 외로운 농가의 지붕들

온 세상 시름을 안고 해가 서산에 지면

추녀 끝에 밤이 오겠지
추야장 긴-긴 밤에 촉대 밝히고
이미 지나간 친구들이 남긴 시집들
한 권씩 꺼내 읽으며 밤을 새울까

풍경화

No 1 호반에서
가늘게 느껴우는 G선 위에 흐릿한 성조星條가 하나
지롤의 가을은 상복을 입고
호숫가의 좁은 길은 낙엽에 덮여 있다.

고요한 수면 우에 잠기어가는 시계당의 뾰죽한 첨탑
잠들은 풍차의 방울을 흔드는 영락零落한 시월의 발자취 소리
황혼을 쫓아가는 발길은 무겁고
조각난 일광日光은 눈에 아프다.

헐어진 폐원의 돌담 너머
우리의 기억을 덮은 어두운 안개 속으로
어제도 창백한 화환에 덮인 작은 구차柩車는 사원을
향한 언덕을 넘고
맑게 개인 오후를 걷는 나의 지팡이 끝에
지롤을 덮은 푸른 하늘은 소리를 내어 허물어진다.

폐원廢園

지상에 피었던
그 아름다운 꽃들 사라진 뒤
나무 사이 새어오는 초록빛 햇살을 받고
폐석廢石이 두어 개 길가에 흩어져 있다.

철쭉꽃 지고 장미 피던 곳
꽃밭을 에워싸고 들리던 노랫소리
사라진 지 오래이고
사람들은 저마다 고향 찾아 떠났나보다.

떠나온 지 오랜 고향의 폐원
새들도 잠든 수풀가에
아름답던 화단들은
잡초에 묻혀 있겠지.

마음이 고단한 날 생각나는 곳
그곳엔 언제나 비가 나리고
장명등長明燈 하나 안개 속에 바라보인다.

임진화 壬辰花

일본 나라 동북東北땅에
'마쓰지마'라는 아름다운 해안이 있고
바닷가의 수풀 속에
해신海神을 위해 세웠다는
서암사瑞巖寺라는 천 년이 넘은 고찰이 있다
본전本殿이 있는 앞마당 담장 밑에는
그곳 영주가 임진란壬辰亂에 우리나라서 가져갔다는
백매白梅 홍매紅梅 두 그루가 심어져 있다.

고국을 떠나온 지 오백 년
나무는 늙고 표피는 갈라져 등이 굽은데
안개 같은 매화꽃이 가지 위에 흩어져
오월 햇빛에 조을고 있다
지나는 길손인 우리는 무료히 서성거리다
매화나무에
나즉히 작별을 하고 돌아나왔다.

중문中門을 지나 멀어져가는 발자취 따라
매화나무는 떠나가는 우리를 뒤돌아보고
언제 또 오느냐고 웃고 있었다.

가로수

1

푸른 잔디를 뚫고 서 있는
체조장 시계탑 우에
파–란 기폭이 바람에 부서진다

무거운 지팽이로 흰 구름을 헤치고
교당敎堂이 기울어진 언덕을 걸어 나리면
밝은 햇빛은 화분花粉인 양 나려 퍼붓고
거리는 함박꽃같이 숨을 죽였다

2

명등明燈한 돌다리를 넘어
가로수에는 유리빛 황혼이 서려 있고
포도鋪道에 흩어진 저녁 등불이
창백한 꽃다발같이 곱기도 하다

꽃등처럼 흔들리는 작은 창 밑에
밤은 새파란 거품을 뿜으며 끓어오르고
나는 동상이 있는 광장 앞에 쪼그리고
길 잃은 세피아의 파–란 눈동자를 들여다본다

역등驛燈의 애상哀傷

기차는 먼-곳을 향하여 기적을 울리고
서리에 젖은 레일 우엔 아득히 포물선을 긋고
영락零落한 도시의 별 그림자가 흐득여 울고 있다

차창에 기대어 시름없는 네 얼굴이 오늘 밤은 더 적막하다
모자를 눌러쓰고 무심히 휘파람을 불고 섰어도
어제야 병원의 문을 나온 병약한 네 그림자를

멀리 떠나보내는 마음은 아프다
시그낼은 가여운 애화哀話를 재촉하고
역등에 물결치는 벨소리가 내 가슴을 두드린다
눈물에 젖은 고개를 들고 차단-한 내 손을 더 한 번 어루만져다오

헤어지는 마음이 이처럼 애처로울 때
울고 있는 너를 떠나보내고
혼자 돌아가는 내 구두소리가 얼마나 외로우랴!
울어도 몸부림쳐도
추방받은 현실의 복선伏線 우로 우리들의 갈 길은 한 곳밖에 없다

흩어진 외짝 길을 더듬는 우리들의 귀로는 지금 낙엽에
덮여 고요히 누워 있다.

　　그러면 편안히 잘 가거라
　　그러면 고요히 잘 가거라

　　야행차의 밤길은 멀-고 쓸쓸하다

작은 별과 언덕
— 어린 동생의 작은 관 앞에

하-얀 눈에 덮인 먼 산 하늘에
해가 지면……작은 별이 떠오릅니다

날 저무는 하늘에 조으는 별을
외로이 깜박이는 그 작은 별을
학교에서 돌아오면 언덕에 올라
혼자서 고요히 쳐다봅니다

하나는 돌아가신 어머님의 별
하나는 눈멀은 우리 누나 별
또 하나는 잡혀가신 우리 형님 별

하늘에서 밤이면 흰옷을 입고
행여나 어머님이 날 부르시나
깜박이는 별을 타고 저 산을 넘어
행여나 눈먼 누나 돌아오시나

날마다 먼-산 우에 별이 졸 때면
헤어보던 손을 놓고 울고 맙니다

김광균 연 보

1914(1세) 1월 19일 경기도 개성 출생. 아버지 김창훈金昌勳과 어머니 한순복韓順福 사이에서 장남으로 태어남.

1920(7세) 개성시의 원정소학교에 입학.

1924(11세) 부친 사망.

1926(13세) 소학교를 졸업하고 개성상업학교에 입학. 세 살 위의 누님 사망.
12월, 시「가는 누님」을 <중외일보>에 발표하며 등단.

1927(14세) 11월 <조선일보>에 시 발표.

1929(16세) 10월 <동아일보>에 시 발표

1930(17세) <동아일보> ≪대중공론≫ ≪음악과 시≫에 시 발표.

1931(18세) 개성상업학교 졸업. 김소엽, 현동염, 김재선, 최창진, 김영일 등과 등사판 동인지 『유성流星』 간행.

1932(19세) 경성고무 사원으로 입사해 군산에서 근무.

1935(22세) 김선희와 결혼하고 김기림과 처음 만나 교유.

1936(23세) 『시인부락』 동인. 서울로 발령이나 옮김.

1937(24세) 『자오선』 동인.

1938(25세) 조선일보 신춘문예에 시「설야」당선.

1939(26세) 첫시집『와사등』(남만서방) 간행.

1947(34세) 시집『기항지』(정음사) 간행.

1950(37세) 실업계에 투신하여 이후 한국경제인연합회 이사, 한국무역협회 이사 등을 역임.

1957(44세) 시집『황혼가』(산호장) 간행.

1989(76세) 시집『임진화』(범양사) 간행.

1993(80세) 뇌졸중으로 사망.

〖한국대표명시선100〗을 펴내며

　한국 현대시 100년의 금자탑은 장엄하다. 오랜 역사와 더불어 꽃피워온 얼·말·글의 새벽을 열었고 외세의 침략으로 역경과 수난 속에서도 모국어의 활화산은 더욱 불길을 뿜어 세계문학 속에 한국시의 참모습을 드러내게 되었다.
　이 나라는 글의 나라였고 이 겨레는 시의 겨레였다. 글로 사직을 지키고 시로 살림하며 노래로 산과 물을 감싸왔다. 오늘 높아져 가는 겨레의 위상과 자존의 바탕에도 모국어의 위대한 용암이 들끓고 있음이다.
　이제 우리는 이 땅의 시인들이 척박한 시대를 피땀으로 경작해온 풍성한 시의 수확을 먼 미래의 자손들에게까지 누리고 살 양식으로 공급하는 곳간을 여는 일에 나서야 할 때임을 깨닫고 서두르는 것이다.
　일찍이 만해는 「님의 침묵」으로 빼앗긴 나라를 되찾고 잃어가는 민족정신을 일으켜 세우는 밑거름으로 삼았으며 그 기룸의 뜻은 높은 뫼로 솟아오르고 너른 바다로 뻗어 나가고 있다.
　만해가 시를 최초로 활자화한 것은 옥중시 「무궁화를 심고자」(≪개벽≫ 27호 1922. 9)였다. 만해사상실천선양회는 그 아흔 돌을 맞아 만해의 시정신을 기리는 일의 하나로 '한국대표명시선100'을 펴내게 된 것이다.
　이로써 시인들은 더욱 붓을 가다듬어 후세에 길이 남을 명편들을 낳는 일에 나서게 될 것이고, 이 겨레는 이 크나큰 모국어의 축복을 길이 가슴에 새겨나갈 것이다.

만해사상실천선양회

한국대표명시선100 | 김 광 균

설 야

1판1쇄 발행 2013년 7월 31일
1판2쇄 발행 2019년 5월 10일

지 은 이 김 광 균
뽑 은 이 만해사상실천선양회
펴 낸 이 이 창 섭
펴 낸 곳 시인생각
등 록 번 호 제2012-000007호(2012.7.6)
주   소 경기도 고양시 일산동구 호수로 688. A-419호
          ㉾10364
전   화 050-5552-2222
팩   스 (031)812-5121
이 메 일 lkb4000@hanmail.net

값 6,000원

ISBN 978-89-98047-93-1 03810

* 잘못된 책은 책을 구입하신 서점에서 교환하여 드립니다.

※ 이 책은 만해사상실천선양회의 지원으로 간행되었습니다.